佐藤ママの

強運子育て心得帖

幸せと成功を引き寄せる　53の言葉

佐藤亮子
Ryoko Sato

小学館

もくじ

はじめに

17年春、娘が東大理Ⅲに合格し、大学生活を楽しんでいます。その姿を見ながら、3人の息子・末の娘と4人続いた私の子育てがとうとう終わったなあ、と感慨深い思いでいっぱいです。

26年間の子育てで、毎日色々なことを考え、工夫をしながら、子どもたちと生きてきました。あらためて振り返ってみると、楽しかったこと、大変だったこと様々思い起こされます。

2年ほど前から全国あちこちで講演会をさせていただいているのですが、そこには多くの若いママさんたちがいらっしゃいます。講演後ご質問を受けたりして直接お話を伺っていて、今の若いママさんたちも、私が子育て中に悩んだことと同じようなことで悩んでいることを知りました。子育ての悩み・苦労は、時代にかかわらず不変なのですね。

ただ、時代が移り変わり、英語の比重が増えるなど受験制度も少しずつ変わってきたことに伴い、お母さんがたの悩みも少し深くなっているように見えます。そんな中で、私が4人の子育てを経て考えたことをお伝えしたいと思いました。子育て真っ最中のお母さんがたの気持ちを、少しでも楽にしてさしあげられたら、また、子育てそのものをより楽しめるようにしてさしあげられたらと願い、ここに53のメッセージを書きました。

講演などでお話ししていることのエッセンスでもあります。

この本にあるのは、具体的な学習／受験テクニックなどではありません。お母さんが子育てをしていく上で、日々持っていると、少しだけ気持ちの整理がつきやすくなったり、前向きになれたりする「心得」です。右ページに「心得」を凝縮した一言メッセージ、左ページでその説明をさせていただきました。

子ども、自分、環境など、考える対象によって6つのパートに分けましたが、はじめから順に通して読まなくても楽しめるようになっています。お母さんはいつも忙しいですから、ちょっと時間があるときにペラペラとめくって、そこにあったメッセージをひとつだけでも読んでいただけたら、きっと少しだけ肩の荷が軽くなって、また楽しく子育てができると思います。また、何か悩んでしまったら、たまたま出合った「心得」を、その日一日の「心の宿題」として気持ちに留めていただけると、前向きな気持ちを取り戻す小さなステップにしていただけるのでは、と考えています。

ひとつひとつの言葉が、すべてのお母さんの応援歌になるよう、心を込めて書きました。ちょっと笑って、ちょっと考えて、明日の力にしていただけたら幸いです。

PART 1

子どもに負けない

子どもは
恩しらずのかたまり

子どもは基本的に自分優先。自分の感情・欲に正直に行動します。もちろん、ひとりひとりの子どもによって差はあるものの、「誰かが自分のためにこんなに手を尽くしてくれている」という認識、感謝の感覚を持つまでには、何年か時間がかかります。でもそれは仕方のないこと。彼らはまだ成長途中の生き物なのです。

そもそも、子どもには、親の恩なんて感じさせないように育てるのが一番いい子育てだと思っています。だって、恩返ししてもらうために子育てしているわけではありませんよね。子どもが元気に大きくなって、自分で立派に暮らしていけるようになることが、親の願いのはずです。その日が来るまで、「伴走者」としてのスタンスを忘れない。

子どもが「母の日」「父の日」「親の誕生日」を忘れていても責めないでくださいね。親が元気なので安心しているだけですから。

共に笑ったり泣いたり、かわいい頃を一緒に過ごせる幸せに感謝、です。

言葉を尽くす

目と目で通じ合う、表情でわかる……なんて幻想。人は言葉によってコミュニケーションをとっています。言葉を交わしてさえ、相手の真意を読み違えたりすることがあります。

ましてや、子どもはこの言語を学んでいる「初心者」。なおさら、言葉を尽くさなければこちらの意図は伝わりません。Aで伝わらなければ、BやCやLやMまで様々な言葉・表現を使って、伝わるまで話してみる。そうすることで、子どもの言語能力もぐんと伸びていきます。言葉の数・表現の数が増えていくこと。これは人としての成長にもとても大きな助けになります。

親自身も、本を読むことでさらに語彙数を増やし、表現を豊かにする努力をしましょう。

ケアレスミスは
ただのミス

たとえば、算数の勉強中、子どもの計算の答えが「1」で、正解が「2」のとき。お母さんはよく「これは、ケアレスミスだね。惜しかったね」などと話します。子どもを励ましたいというお母さんの気持ちもわかりますし、正しい答えが「2」なら、その差はたった1だけだから、ということでしょうけれど、これは「差」の問題ではありません。「間違った答え」であるという認識を持たせなければいけないのです。差が1でも5でも、間違いはすべて間違い、点数がつかないということではまったく同じなのです。

だから、「ケアレスミス」という言葉を使ってはダメなのです。その言葉を聞いた途端、子どもは「正解じゃなかったけど、まあまあ、悪くなかった」という認識を持ってしまいます。「まあまあ」ではないでしょ？　点数をもらえないなら、それはただのミス。

子どもにかける言葉には本当に気をつけてください。小さな言葉の過ちがその後の大きな失敗につながることは、よくあるのです。

子どもは
基本、怠け者

学校に通っているんだから子どもは勉強するのは当たり前、と思っていませんか？ でも、自分たちの子ども時代を思い出してみると……親に言われる前に毎日きっちり勉強机に向かっていたでしょうか。

大人だって、楽しいこと、楽なことを優先して、ついつい仕事をため込んでしまうことがあります。そう、人間はみな基本的に怠け者なのです。小さい子どもならなおさらです。だから、子どもがすぐ勉強を始めなくても、そんなに怒らないでください。「何で勉強しないの！」と大声を出す前に、まず深呼吸。「一緒にやってみようか」と声をかけると、意外にもすぐのってきますよ！

二人だと楽しく進められる勉強もたくさんあります。

子どもは
確実に成長する

子どもは日々成長しています。昨日できなかったことも、突然今日できるようになったりします。だから、今できないことに対して「どうしてできないの！」と問い詰めるのは、とても理不尽で、意味のないこと。それだって、明日にはできるようになっているかもしれません。

目先の「できる」「できない」で、子どもに対して感情的にならないことはとても大切です。心配はいりません。彼らは、確実に成長しています。

子どもが泣くのには理由がある

毎日子どもが泣く声を聞いていると、この当たり前のことを忘れてしまいがちです。子どもの泣き声が耳障りなのは、生きていくために親の注意をひく目的で、そもそも「耳障り」でなくてはならないからなのです。でも、忙しいお母さんは「イラッ」としてしまい、ついつい、その「泣いている現象」そのものに関して子どもを責めてしまいがちです。

子どもが泣くのには、必ず理由があります。ただ、私たちと違って、まだうまく言葉で説明できないため、言葉を話す代わりに泣くのです。

ですから、「泣くこと」を責めても何の解決にもなりません。なぜ泣いているのか、泣くことで訴えようとしていることは何か、理由を見つけることが先です。話ができる年齢なら、ゆっくり話をさせる。叱らず怒らず、とにかく話を聞く。まだ話せない年齢なら、なぜ泣いているのか、考えられる原因をすべてチェック。

これは、泣き声だけの問題ではありません。子どもが自分の思い通りの行動をとらないと、親は表面の「行動」そのものを責めがちです。でも、「泣く」ことと同様、その行動には何がしか必ず、「言葉の代わり」として発信されたメッセージが隠れています。それを見つめる。行動の表面ではなく、そこに隠された子どものメッセージの本質を見つめるのです。

それこそ、お母さんだからこそできる、大切な仕事です。

PART 2

自分に負けない

子育ては自分が2割

子育て期間中のお母さんの時間割。子どもにあてる時間は全体の8割、残りの2割を自分のことに使う。必要最低限なことだけ、と考えれば、それで十分なはずです。子どものために使える時間はたったの十数年。その後は何十年も、たっぷり自分のために時間をあてられます。

ひとりの人間を社会に送り出す責任があるのです。それくらいの覚悟で十数年をすごしてください。それが、後悔しない子育ての基本です。

スマホとりますか、
子どもとりますか？

ある脳科学者の本を読んでいて衝撃を受けました。今の若いお母さんは、赤ちゃんにおっぱいをあげながら、片手でスマホをいじっている人が多く、これを続けていると、その後の子どもの脳の成長が遅れるというのです。

赤ちゃんはおっぱいをのむとき、じっとお母さんの目を見つめます。お母さんもやさしい目で赤ちゃんを見つめます。ときに何か話しかけたり、歌ってあげたりしながら。これが人間の初期段階の脳の成長に絶大な影響を及ぼすそうなのです。そんな大切なときに、親の視線が自分に注がれていないということを感知すると、脳の成長には大きなマイナスなのだそう。恐ろしいことです。

自分の子どもと肌を触れあい、見つめあう、かけがえのない時間。しかも、それはほんのわずかな期間です。それなのにスマホで、LINEやマンガ、ゲームだなんて……。お母さんの無知で子どもの人生を狂わしてしまう可能性があることを知るべきです。

それ、隣の子にも
言えますか？

自分の子どもが相手だと、お母さんはついつい気を遣わずに思ったことを口にしてしまいます。テストの点数が悪ければ、「恥ずかしくて学校に行けないね」とか、「何にも考えられないんだね」とか、「能力ないね」など……。お母さんからすれば軽いグチ程度の発言だったとしても、子どもはお母さんの反応が一番気になるものですし、頼っていますから、心から傷ついてしまいます。そして、お母さんの言葉で傷ついても、悪い点を取ったのは自分なので、自分を責めるのです。

そんな風に大切な子どもを悲しませてはいけません。

ついそんな言葉が出そうになったとき、私が心がけていたのは、「隣の子フィルター（と名付けました）」です。口をついて出そうになったその言葉、隣のお子さんにそのまま言えますか？　言えないですよね。他のお子さんに言えないことを自分の子になら気楽に言えるというのは間違いです。子どもが傷つく言葉は同じです。

隣のお子さんに言えない言葉は、自分の子どもにも決して言わない。それがルールです。

アドバイスに「だけどね」はナシ

子育てには、多くの先輩ママさんたちの経験談が役に立ちます。みな大変であることがわかっているからこそ、「こうするといいよ」「これをやったら助かったから使ってみて」とアドバイスをくれる。もちろん、それぞれの家庭に事情があって、個別の問題が存在していることは百も承知でアドバイスしてくれているのに、それに対して「……だけどね、」で返す人がいます。「だけどうちは」「だけどうちの子は」「だけど私は」……。その言葉を聞いた瞬間、みな「もう二度とアドバイスするのはやめよう」と考えます。

アドバイスには、まず感謝。取り入れるかどうかはあとの話で、それは相手にいちいち表明しなくてもいい。

いずれにしても、自分以外の人たちの意見に耳を傾けることは、どんな立場の人にとっても大切です。そうしなければ、進歩はありません。子どもたちにもその姿勢を伝えましょう。

いつも「ふたつ返事」で

子どもが学校に上がると、とたんに行事などが増えますね。PTAやご近所のママ友会への参加もあります。頼まれ事も出てきます。「来週の○○当番をお願いします」「○○会について、皆さんの出欠をとってもらえませんか?」——こうしたことにゴネる人が必ずいます。もちろんそれぞれに事情がありますから、本当に都合が悪いときはあると思います。ただ、どんな頼まれ事でも、返事が「え〜」「でも」で始まる人がいます。「え〜、他に誰かいないのですか?」「私はちょっと……」こんな言葉が出てくる人は、大抵の場合、いつもその返事が返ってきます。そうなると、もうその人には誰も頼み事をしなくなりますし、その人の「徳」も失われるのではないでしょうか。

これは家の中でも同じこと。子どもが困っていることがあって「ママ、これ見てくれる?」と相談があれば、「いいよ〜」と即答。子どもからの相談は、何を差しおいても、ふたつ返事で受ける。それが、母子の絶対的な信頼関係を築くのです。

以心伝心なんてない

信頼しあう関係、特に家族の間では「そんなこと言わなくても、わかるでしょ」とその親しさに甘えがちです。前にも書きましたが、そんなことは通じません。人間に「相手の心を読む特殊能力」は備わっていません。だから、話して伝えるために、こんなに言葉が発達したのです。

子どもが相手でも、夫が相手でも、とにかく話す。自分の思っていることはできる限りていねいに言葉にする。もやもやしていること、不満に思うこと、してほしいと思っていることと。相手だって、言ってもらわなければわからないことが多いのです。逆の立場になれば、わかりますよね。

お母さんは
エネルギーの発生源

エネルギーって、いつも高いほうから低いほうへ流れるって知ってましたか？　お母さんが熱いエネルギーを保っていると、子どものテンションが低くても、次第に熱が伝わっていきます。「お母さんは太陽」って昔からいいますよね。お母さんの温度は家中に広がっていくのです。逆にお母さんの元気がないと、家中のエネルギーがお母さんに流れ込む形になり、家の中が暗くなってしまいます。だから、お母さんは「いつもテンション高め」を心がけてほしいと思います。

でも、もちろんお母さんが疲れてしまうことはあります。そんなときは、子どもたちからちょっとの間、元気をもらってください。

大変なのは
あなただけじゃない

子育てをしていると、「もうお手上げ……」と思うことがあります。そんなときは、私も自分が世界中で一番大変な母親だと思ったりしました。でも、冷静に考えてみれば、４人の子育てが大変だと言っても、たとえば、四つ子のお母さんはもっと大変なはずだし、まあ、私はラクなほうだわ、と思えたりして。

子育ては、たとえ一人の子どもでも大変ですよね。お母さん同士はよくわかっています。世の中のお母さんは、みんな大変。大変なのはあなただけではないのです。だからこそ、お母さんの「特権」である、その大変さを味わってください。大変な日々を子どもと一緒に乗り越えていくことこそが、子育ての醍醐味でもあるのです。

今日一日「なりたい自分」を演じてみる

忙しい毎日が続くと、ついつい眉間にしわがより、余裕がない立ち振る舞いをしてしまいがち。そうなると、人も幸運の女神も寄りつかなくなってしまいます。まず、自分自身を楽しむことを取り入れてみましょう。たとえば、「今日は、イタリアンのシェフ」と決めて、徹底的に「その気」になってみる。赤と緑の配色のエプロンをつけるだけでも入り込みやすくなりますから、人間って単純！　イタリア人のように陽気に大きな声で子どもに話しかけながら、大げさにほめる。そして、ランチのパスタにはいつもよりスパイスの種類を多めに振ってみたり。「人気のシンガー」とか、「ベテランのキャビンアテンダント」などの上級編もあります(笑)。

とにかく、みんなが明るくなれるような「なりたい自分」をイメージして、その日だけでも徹底してみる。「演じる」と考えると、意外に簡単にできます。今まで知らなかった自分を見つける楽しさもありますよ！

洗顔は片手でできる

末っ子の娘が生まれたあと、4人の子ども全員を私がお風呂に入れていました。長男6歳、次男5歳、三男3歳。お風呂は子どもにとって危ないことがありますから、娘を抱っこしながら、3人の男の子の面倒をみます。顔を洗うときは、座って娘を膝におき、片手でしっかり抱きとめたまま、あいている片手でささっと済ます。これ、意外にもちゃんと洗顔できちゃうのです。自分でも感心しました。

子育ての「せい」で不自由だ、と思うことがあったら、発想の転換をしてみましょう。「子育てってすごい、片手で洗顔できるようになる」……ほら、言い換えるだけで、ものすごくポジティブな気持ちになりませんか?

結局は「スルー力」

子育てを真剣にすればするほど、外野からの声も耳に入ってきます。人は無責任にいろいろなことを言います。全部を気にしていたら、身動きがとれなくなってしまいます。

だから、ネガティブなことがらは、基本的に全部「スルー」。左耳から入れた言葉はそのままスルーして右耳から出す。つらいこともひどい言葉も笑ってスルー。これができるようになると、人生、とてもラクですよ。

もちろん、自分を向上させていくために学びになることは流さず受け止め、前向きになれることはどんどん取り込む。

自分の心に毒になってしまいそうなことは、スルーしていけばいいのです。他人の無責任な批判・批評などで何日も落ち込むなんて、本当に時間の無駄です。

「スルー力」を身につけるには、自分の人生全ての責任を背負う覚悟をすればいいだけなのです。

母の好奇心＝子どもの偏差値

お母さんがどんなことに興味を持っているか、子どもはよく見ています。それによって、子どもの興味の対象が影響されることもよくあります。また、お母さんが様々なことに好奇心旺盛で積極的に行動する人だと、子どもの好奇心も大きく育ち、それが勉強への取り組みかたにもつながります。

お母さんがいつもワクワクする心を見せることが、子どもの偏差値に直結する。これ、忘れないでくださいね。

道具にこだわる

勉強するにも、遊ぶにも、道具にこだわることはとても大事です。よい道具を使えば（高価である必要はありません）、おのずと成果・結果もよいものになっていきます。音楽なら楽器、書道なら筆、勉強ならドリルなど、どんなレッスン、どんなジャンルでもあてはまります。

子どもは特に結果でしか判断ができませんから、道具で妥協した結果、あまりよい成果につながらなければ、そのせいで自信を失ったり、やる気を失ったりする可能性もあります。

また、子どものころから「よいもの」を見る目を育てておくと、それがのちのち大きなアドバンテージになることもありますよ。

「できない」のは能力ではなく、やりかたの問題

子どもの勉強がうまく進まないと、「どうしてできないの！」と怒るお母さんがいます。それは、前にも書きましたが、泣いている子どもに「どうして泣くの！」と怒るのと同じで、意味がありません。勉強がうまくはかどらないのには、理由があります。もし勉強の伴走者がお母さんなら、お母さんの伴走のしかたに問題があるのです。

たとえば、漢字が覚えられない、正しい書き順が覚えられないといった問題があるとします。うちでは、とにかく子どもに字を大きく書かせるようにしていました。学年が進む毎に、教科書や学習帳の文字は小さくなり、子どもが書くノートの文字も次第に小さくなっていきます。小さいと、漢字の細部が適当に書かれていても見えませんから、間違いがそのままになってしまいがちです。だから、勉強のノートはとにかく大きく書かせる。あるいは、書いたものを拡大コピーして確認する。そうすれば、ごまかしもききませんし、お母さんも指摘しやすくなります。漢字だけでなく、算数でも、小さく書かれた問題を見ると難しそうに見えるのに、拡大して大きな文字で見直すと、子どもが「何だ、簡単！」という反応をするのに驚いたこともありました。

こうして、「やりかた」を変えるだけで、見違える成果を得ることは多くあります。

「できない」を子どものせいにしない。これは子育てに限らないことかもしれません。うまくいかないことをすべて相手のせいにしない。まず、自分が変わる、自分のやりかたを変えることで改善の可能性があるのではないか、という問いをいつも自分の中に持とう、と心がけています。

PART3

常識に負けない

一度に
ふたつのことはナシ

とても忙しいとき、「千手観音」のようにたくさんの手が欲しいな、と思ったことは一度や二度ではありません。でも、それは不可能なので、開き直ることにしました。

夕飯の支度をしながら子どもの勉強の手伝い、それぞれ100%できますか? 無理ですよね。家事だって、普通は同時に複数のことはできません。

「一度にふたつのことはしなくてもいいや」と考えたら、意外にもひとつのことがどんどんはかどって済み、次にすぐとりかかれるようになりました。考えたら当たり前、人はひとつのことに気持ちを集中させたほうが成果が出るものです。複数のことを同時に進めればそこに「集中」はなく、成果が上がらないのは当然のこと。

忙しいときはなおさら割り切って、ひとつひとつの用事をコツコツとこなしていきましょう。

「常識」は誰の常識？

世の中には、誰が決めたかわからない「常識」が溢れています。特に、子育てに関しては、大昔からある古くさい話が横行していて、現代の教育事情や家庭環境にそぐわないものも多くあります。それなのに、誰かを批判するとき、実態のない「常識」を盾にしてくる「非常識」な人も結構います。

何の責任も持たない外野たちが「常識」を振りかざしても、それこそスルー。あなたが子どもの将来を思って努力する限り、あなたが「常識」なのです。

小言に「お友達」は不要

子どもを叱るとき、ついつい「お友達の○○くんはできてるでしょう」「○○ちゃんは上手なのに」などとお友達の名前を挙げていませんか？　「あの子のように今○○ができて当たり前」といった「常識」も、子どもにとってはただ迷惑なだけです。また、個人的な競争の感情を植え付けることは子どもの成長のためになりません。相手の子を負の感情で見つめることになってしまう可能性もあります。

競争心で一時的に成果があったとしても、誰かとの比較での勉強では最終目標を高く設定できません。

人は人、勉強は常に自分との闘い、自分自身の夢・目標との競争であることを子どもに伝えてください。

お父さん、お茶？

「一家の主」が仕事から帰ると、まず妻に「おい、お茶！」……これが日本のドラマなどでよく見るパターン。でも、あまり現実的ではありません。だって、お父さんが帰宅する時間帯、子育て中の家なら、夕飯の支度を終えたお母さんが、子どもの勉強を手伝っていることも多いはずです。よい緊張感を保ってお母さんと子どもが勉強しているリズムを、一家の主とはいえ、壊していいはずがありません。一度切れた緊張感を取り戻すのは簡単ではありません。お父さんも一日がんばって働いたでしょう、でも、お母さんも同じ。それどころか、お父さんが帰宅する時間もまだ子どもの世話を続けています。

家に帰って子どもとお母さんが勉強していたら、偉そうにせず、「がんばってるね」と優しい声をかけてほしい。自分のほうから、がんばっている妻にお茶を出してあげるくらいの度量を見せてほしいものです。

マザコンは都市伝説

お母さんが子どものために一生懸命になると、特に男の子の場合、周囲から必ずと言っていいほど「そんなにしたら、マザコンになるよ」「将来、マザコン確定ね」などと言われます。私もさんざん言われました。でも、「マザコン」と「母親思い」の境はどこにあるのでしょうか。

息子が母親のために何かすると、それを「マザコン」と言う人もいれば、「母親思いのいい息子さんだね」と言う人もいます。それぞれの感じ方や思い込みで勝手なことを言っているだけですから、そもそも気にしなくていいと思いますし、中学受験に向けて息子の勉強の伴走をしている母親に向かって「そんなことしてるとマザコンになっちゃうよ」などと発言する人は、不合格になっても何の責任もとってくれません。合格したら「手のひら返し」で「すごい、さすが」などと言うのです。

とにかく、その家族のことをよく知っている人なら、そんな無責任なことは言えないはず。表面だけ見て無責任なことを言う人たちのことをいちいち真剣に受け取る必要はありません。

マザコンなんて、前述のように、実際のところ何を指すのかわかりませんし、それが病的な依存関係のことを言うのなら、そんなことが起きる確率はそもそもとても低いはずです。万が一そうなら、そうなったときに考えましょうよ。今はとにかく雑音を気にせず、全力で子どもに関わってください。

PART 4

環境に負けない

較べたときから
悲劇が始まる

何事も、較べ始めたらキリがありません。自分の持ち物、自分の生活、子どもの成績……身の回りのすべてが他人のそれと比較の対象になります。

でもよく考えてください。あなたがもし自分の周りのものを誰かの何かと比較していても、あなたの知っている世界での比較でしかありません。もしあなたが自分や自分の周りのものを、常に「世界一」のものと較べているなら、自分を向上させるため、何がしか意味はあるかもしれません。でもあなたの住む小さな世界で、ほかの誰かと較べることに何の意味があるでしょうか。

「隣の芝生は青い」とはよく言ったもので、事実がどうであれ、人は自分の持ち物より他人の持ち物のほうが良く見えるという愚かな一面を持っています。

前にも書きましたが、特に、自分の子どもをよその子どもと較べても何の意味もありません。較べられることで、子どもはとても苦しみます。

子どもは親にとって絶対的な存在。相対的なものではないのです。ひとりひとりの存在をすべてそのまま、愛してあげてください。

今いる場所が天国

毎日大変な時間を過ごしていると、「違う人生を生きてみたかったな」と考えたりすることはありませんか？　私も、年賀状などで学生時代の友人の活躍を知ると、「自分は今の場所にいて、本当に幸せなのだろうか」と思うことがありました。

でも、違う場所で違う人生を送る自分を想像してみると、今この生活で幸せが見つけられないなら、たぶんそこでも見つけられないだろう、と思い至りました。

言っても仕方のない不平・不満をこぼす時間があるなら、今いる場所で、より笑っていられるように努力するほうがずっと現実的です。

チルチルミチルの『青い鳥』のように、幸せは自分の一番身近な場所にあるという真理を、私はかみしめています。

ネット情報は洗脳のもと

インターネット時代の今、必要な情報に助けられる一方で、不要な情報・間違った情報も大量に流れてきます。その取捨選択が難しく、ネットに載っている情報をすべて鵜呑みにしてしまう人も多く見受けられます。子育ての折々で悩むポイントがやってきますから、解決をネット情報だけに頼っていくと、あっという間に「洗脳」されてしまいます。

ネットにある情報は、著者が明記されている書籍などと異なり、出所も不明、匿名で無責任に書き散らしたものも多くあります。もちろん手軽にチェックするべきものはネットでもOKですが、それ以外に、何か調べたいこと、学びたいことがあれば、手間を惜しまず、書籍・新聞などにシフトしていきましょう。子どもにとっても有益なことがあるはずです。

一匹オオカミは
美しく、強い

群れを作りたい人たちの多くは、自分で責任をとるのが苦手。何か起きたときに誰かの責任にすれば気がラク、ということでしょうか。

私は、自分で情報を集め、自分の責任で行動する人間でありたいし、子どもにもそうなってほしい。もちろん、周囲からの思いやりをはねのけて生きる変わり者になれ、と言っているわけではありません。ご縁を大切にし、協力して暮らしながら、決断は自分でする。そして、一人になることを恐れない。その姿勢が子育てでも理想だと思うのです。

「ママ友」グループに属していなくたって大丈夫。昔5人の子どもを育て上げた近所のおばちゃんとときどきおしゃべりするほうが有益なことだってあります。むやみに孤立する必要はない、でも、一人になることを恐れないでください。

１００人中99人からは感謝されない

━━生懸命仕事をし、結果を出しても、100人中99人は文句を言ったり批判したりします。でも、100人目の人が「ありがとう！　本当に助かりました」と言ってくれたら、99人が言ったことはすべて消えます。大人の仕事はそういうもの。一人が「よかった」と言ってくれたら、また次の99人分がんばれる。

子育てにおいても同じです。誰かに批判されても、夫や子どもに感謝されなくても、誰かからたった一言「がんばってるね」と言ってもらえたら、それでまた前に進める。

あなたのことを見ている人はきっといる。感謝している人は必ずいます。だから、99人の人たちが言うことを気にするのはやめましょう。

夫には
多くを望まない

共働き夫婦の場合、家事・育児に関する一切を曜日・時間別に割り振り、分担を明確にしておいてください。あいまいにしていると、日本の男性はまだまだ家のことすべてを妻に頼ろうとします。

お母さんが専業主婦の場合は、家事の負担が大きくなるのは仕方ないですし、夫は家にいないものだと思って頼らない、と決めてしまったほうが気持ちはラクです。夫の仕事量を鑑みながら家事・育児の分担をフェアにしようと思っても、細々としたことばかりの家事の内容を説明してお父さんたちに納得してもらうのはかなり難しいこと。完全な「イクメン」になってもらえるならそんなに素晴らしいことはありませんが、中途半端にお父さんの負担が大きくなって、お仕事に影響が出てしまうのは、もちろんよくありません。

ですから、家事・育児はお母さんが主導権を握り、お父さんにはサポート役に徹してもらうのがベスト。お母さんが「この人と結婚してよかった」と思えるような、気持ちのこもったサポートをお願いしたいものですね。

「ママ友」なんてマボロシ〜

前にも書きましたが、「ママ友」がいなくたって別に問題ありません。繰り返しますが、孤立してほしいわけではありません。ただ、「ママ友」は、いてもいなくてもいいのです。「ママ友」という名の知り合いに悩まされたり、嫌な目にあったという話もよく聞きますし、逆に「とても助けられた」「ありがたい」という言葉を聞くこともあります。

要するに「ママ友」というのは、子ども同士の関係で知り合いになったお友達、ということですよね。普通の友人関係は大人同士で完結するのに、「ママ友」の場合、そこに子どもが入ってくるからややこしくなる。学校のママ友でも塾がらみでも、成績が絡んでくるので、関係がこじれることはよくあるのです。

「ママ友」はほとんどの場合、子どもが違う学校に進めば別れることになるわけですし、同じ年齢層の子どもを持つお母さん同士、短い期間、つかず離れず表面的なおつきあいをすればよいのでは、と思います。その中で、もし、子どもと関係なく本当の友人としてよい関係が作れる人に会えたなら、ご縁に感謝、ということです。

相手の笑顔を目標にすると成功する

いつもなかなか時間をかけた料理を作る機会がなく、たまたまその日、ようやく時間ができたとします。あなたは「ずっと作ってみたかったあの料理に挑戦！」と考えますか？　それとも「子どもたちに何が食べたいか聞かなきゃ」と考えますか？　さて、テーブルを囲み、どちらが楽しい時間になるでしょうか。

もちろんその人によって感じ方は違うと思いますが、たいていの場合、後者のほうが、笑顔に包まれて楽しい食事になると思います。自分が「おいしい」と感じるよりも、相手が「おいしい！」と笑顔を見せてくれるときのほうが、少なくとも私にとっては、幸福感はずっと高くなります。

この「相手の笑顔」。これこそが、子育ての極意、と言ってもいいのではないかと考えています。子育ては親のエゴのためのものではありません。とにかく、子どもに、より多く笑顔のある人生を送ってもらうための伴走期間なのです。お母さんがいかに張り切っても、子どもが笑顔にならなければ意味がないのです。これは、子どもの言いなりになるということではありません。一瞬厳しいことを言ったとしても、それが少し先の未来の子どもの笑顔を目的にしていることなら、それが正しいことだと考えます（受験勉強の伴走などはこれにあてはまりますね）。

自分のためではなく相手の笑顔、を目標に考えると、子育てのみならず、人生のあらゆることがシンプルになり、好転し始めますよ！

PART5

自分を許そう

子育ては
ゲーム感覚で

家事や仕事と両立なんて考えず、子育て最優先。……とはいえ、子育てに「命がけ」になってはいけません。「命」をかけられた子どもにとって、お母さんの「圧」は負担でしかありません。

実は、子育てにおいて一番重要なのは、「余裕」なのです。万が一テストの結果が期待どおりでなくても、いつもお母さんの心に余裕があれば、子どもの心も追い詰められることはありません。

普段のテストも来たるべき受験も、「ラスボス(ゲームの最後に現れる最強キャラ)を倒しに行くぞ!」くらいの感覚を持って臨んでください。最強キャラを倒すためには、さまざまなアイテムを持って挑んだほうが心強いですよね。だから、普段から「読み書き計算」のスキルを上げる努力をするのです。

積極的
その日暮らし

受験の3か月くらい前になると、親子で気持ちが焦ってきます。その気持ちは本当によくわかるのですが、焦っても焦らなくても時間の進み方は変わりません。

その時期になったら、その日一日、目の前の24時間に集中することです。「過ぎた日のことは考えない。まだ来ていない明日のことを考えても仕方ない」そんな気持ちで、とにかく「今」に集中。余計な雑念を振り払って、前向きに今日のことだけを考える「その日暮らし」をしてください。

ただ、それは「予定をたてないこと」とは意味が異なります。受験の日までどう準備を進めるか、体調管理も含めて予定はしっかりたてる。

その上で、考えても仕方のないこと、焦っても仕方のないことは、きっぱり心の中から捨て去る、ということです。

予定をたて、準備万端整えるからこそ、余計なことを考えず、「今日」に集中できるのです。

しんどければ、寝る

子育てはお母さんを中心に回っています。だから、疲れてしまう日があるのは当然です。「今日はちょっとしんどいな」と思う日は、子どもたちに「今日は、ママは休憩！」と宣言して、遠慮なくゴロゴロしてくださ い。その日は、もちろん子どもたちも「何もしなくていい日」にしてあげましょう。とても嬉しそうに遊びますし、「ママ、ゆっくりしてね」など、やさしい言葉も返ってきます。

とにかく張りつめすぎないことが大切。心身ともに、無理をして、いいことは何もありません。

繰り返しますが、「余裕」、大事です。そして、健康第一です。

10時間寝ても、あと14時間ある

勉強はしっかり集中させて、あとはたっぷり寝かせてあげてください。たとえば、一日10時間寝ても、あと14時間も残っています。24時間から引き算をすると、意外にたくさんの時間が残っていることに気づきます。起きている時間に精一杯がんばればいいのです。十分な睡眠は、集中力に欠かせない大切なこと。これはお母さん自身も同様です。元気なママでいるためには睡眠は最重要。ここを削っては意味がないのです。

「毎日努力」、無理

子どももお母さんも、「毎日全力疾走」は無理ですよね。生活は、連綿と続く日常の積み重ね。「無理な努力をせずに、確かな成果をあげる」ことを考えてください。ロボットではないですから、つらいときは無理しない。少しだけ休憩が増える日があってもいいのです。

「常に努力!」というよくわからないあいまいな精神論で、子どもや自分を追い詰めないでくださいね。

結果が
出ないときはある

どんなに努力しても、どんなに集中しても、思い通りの結果が出ないことはよくあります。それは、誰にとっても当たり前のこと。だから、そのことで落ち込んでも意味がないし、時間がもったいないのです。

「続けてきた努力」「してきた集中」が果たして正しい方法だったのか、本当に効果が出る方法だったのかを検証することに時間を使いましょう。

そうすれば、この次にもっといい結果を出せる方法が、きっと見つけられます！

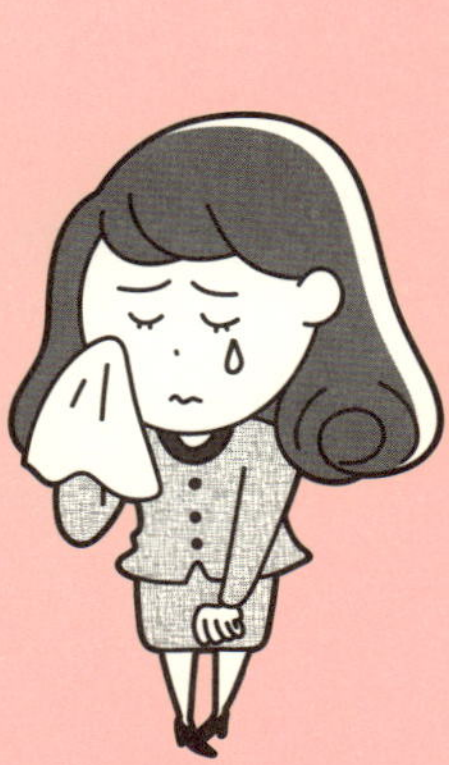

洗濯物は
くさらない

美しい青空が広がる洗濯日和。たまった衣類を気持ちよく洗って、思い切り干したくなりますよね。でも、ママの横で絵本を読んでほしそうにしている子どもがいるときは、洗濯物は放っておきましょう。

私は何度も「絵本優先」した経験があり、洗った洗濯物がカピカピに乾いて固まってしまったこともあります。でも、また洗えばいいことです。もちろん、水はちょっともったいないですが、子どものかけがえのない時間を台無しにしてしまう「もったいなさ」とは較べものになりません。

子育て中は、家事が少し後回しになってしまうことくらいで罪悪感を持つ必要はまったくありませんよ！

助けてくれる人は
実は、いる

一匹オオカミでいい、と書きました。そういう覚悟は大切です。でも、意固地になる必要はありません。助けが必要なときは「助けて」と声を出す。あなたがどんなに大変なことになっていても、「SOS」が発信されなければ誰も気づきません。そして、信号が発信されたら、必ず、どこかに助けてくれる人がいます。実際に手をさしのべてくれる人もいるかもしれませんし、もしかしたら、遠くから「がんばって」と声をかけてくれるだけかもしれません。でも、とにかく、世の中そう捨てたものじゃありません。本当に大変なときは、勇気を持って助けを求めてください。

子育てに両立はない

両立って素敵な言葉ですよね。あれもこれも完璧にこなす人がいたら、憧れてしまいます。でも、人間の持ち時間は、誰でも平等に一日24時間。それをどのように配分して使うかが、私たちにとっての現実的な問題です。

仕事をしているお母さんなら、家事・育児・仕事に必ず優先順位をつけなくてはいけないし、どれもこれもすべて完璧に、というのはなかなかできないはずです。

専業主婦のお母さんならどうでしょう。仕事がない分、両立は簡単でしょうか。家の中がいつもきれいで、洗濯物にきっちりアイロンがけ、ごはんは毎日おいしくて、子どもの勉強も完全フォロー……が簡単でしょうか。

主婦の持ち時間もやっぱり一日24時間で変わりません。この限られた時間でできることを考えたら、主婦も同様に、そもそも両立できないことをしようとしているのです。

でも、皆さん理想が高いので、「うまく両立ができない」と悩んでしまっているようです。

「この世に両立はない」と思ってください。これは、私自身が子育てでテンテコ舞いしている時代に自分に言い聞かせた言葉です。できることを一生懸命やる、それでいいのです。

両立なんてないから、料理が完璧でない日もOK、お父さんの話をちゃんと聞いてあげられない日があってもOK、掃除ができない日があってもOKなのです。子育てだけは後回しにできない、お母さんの大切な役目。だから、その期間中は、両立なんて考える必要はありません。無理をしないで、毎日元気なママでいてください。

PART6

子育てを楽しもう

子どもは歯が命

自らケアできる体の部分に、肌、髪、爪などがありますね。どれも伸びたり、新陳代謝で新しくなったりします。そうならないのが、歯。一度悪くしてしまえば、治療にかなりの費用がかかったり、最悪の場合、全身の健康を著しく損なう結果になったりします。

子どものうちから歯の大切さを教えて、丁寧なケアを習慣づける。

小さいうちは歯磨きが苦手な子もいると思いますが、お母さんの歯磨きを手伝ってもらったり、「歯磨きタイム」を母子で楽しむ時間にしていくと、子どもも次第に進んでするようになるはずです。

勉強のリズムを習慣化するのと同様に、こうした将来のためになることは子どものうちから習慣づけてあげると、成人してから子どもにとても感謝されます(笑)。

絵本はひとり1万冊

わが家では、子どもたち4人とも、ひとりにつき1万冊の絵本の読み聞かせをしました。3歳までに1万冊を読んであげたいと思い、日割り計算をしてみました。一日10冊読めば達成できるのです。目の前に4人子どもがいて、本を一冊読めばそれぞれの子どもが「カウント1」になるので、計4万部を読んだわけではありません。図書館からお借りしたものもたくさんありました。ですから、数字にびっくりしないでくださいね。意外にラクに達成できるものです。

絵本の世界には、やさしい、楽しい、うれしい、いとおしい、といったポジティブな感情が満ちあふれています。

子どもだけでなく、読んでいる親もワクワクし、心が元気になれるお話が多くあります。

その素晴らしい世界を子どもと一緒に堪能してください。

子どもは耳から育つ

絵本もうちでは基本的にすべて「読み聞かせ」でした。子どもは耳から新しいものをどんどん吸収します。日本語も、九九も、歴史の年号も。それを考えれば、一番近くにいるお母さんの言葉がどれだけ子どもに影響を及ぼすか、わかりますよね。

お母さんも、子どもの言語の発達を楽しみながら、会話をしてください。できるだけ正しい言葉、きれいな日本語で。

母子は
いつも瓜ふたつ

幼少期の子どもは本当にスポンジのようです。周りの大人から、お友達から、テレビから、絵本から……なんでも吸収していきます。基本は「まねること」から始まりますから、お母さんが汚い言葉を使えば子どもも汚い言葉使いをするようになり、お母さんが人に対して無礼な態度をとれば、子どももそれをまねて育ちます。お母さんがいつも他人を気遣い、また気持ちのいい挨拶をする人なら、子どもも基本的にそのように育ちます。

遺伝などではなく、幼少期から母親のまねをすることで「瓜ふたつ」になっていくのだと思います。だから、子どもの前では恥ずかしいことはできませんよ！

2歳の子どもも、ときには先生

子どもって不思議です。心は真っ白なキャンバスのような状態ですから、大人にはもう見えなくなったものにも、注目します。その素朴な視点が大人にとってはときに新鮮で、目からうろこを落としてくれたりします。

子どもを自分の所有物だと思わなければ、その素晴らしい視点に、素直に学べることも多いはず。お母さんも心を開いて、子どもの世界から学んでみませんか？

「痛いの、痛いの」
飛んでいかない

子どもが小さいうちは、ケガやすり傷があると「痛いの、痛いの、飛んでいけ～」となぐさめたりしますね。でも私はこの言葉を言ったことがありません。だって、痛いの、飛んでいかないでしょ？　痛いものは痛いのです。

膝から血を流して泣いている子どもに「痛くな～い」とごまかしを言うことに何の意味があるのでしょう。私はこういう言葉が苦手です。

「血が出ているじゃないの、痛いよね」とまずは共感の言葉をかけるべきではないでしょうか。子どもにはありのままの状態を全身で受け止めさせるべきだと思います。泣くのを我慢しなければならない状況なら、痛くても我慢しなければいけないことを受け止めさせる。立ち上がらなければいけない状況なら、痛いけれど立ち上がらなくてはいけないことを受け止めさせる。

「痛くな～い」というお母さんのまやかしの言葉は何の役にも立ちません。

へその緒の絆を
なめるべからず

お母さんがその子を産まなければ、子どもはこの世に存在していません。日常にいると母子の関係は当たり前になってしまいますが、よく考えるとすごいことですよね。大げさに言えば、お母さんは、ひとりの人間の創造主。学校の先生や塾の先生が何を言っても、世界中から非難されても、お母さんだけは子どもを抱きしめてあげてください。お母さんは子どもが生まれたその瞬間からずっとそばで見ていますから、ほかの人には見えないことが見えているはずです。だからこそ、勉強の伴走者としてベストな存在でもあるのです。

でも、愛が強すぎて、ほかの何も見えなくなってしまうのは困りもの。近すぎて逆に見間違えてしまうこともありますから、周囲の意見に耳を傾ける冷静さを失ってはいけませんよ。

「大人になると楽しそう」と思わせたら勝ち

親は子どもが社会に出て独り立ちしていくまでのサポート役である、とお話ししてきました。勉強のほか、人としての正しい行いなどを教えて社会に送り出すまでが大きな仕事ですが、もうひとつ親が子どもにすることでとても大切なことがあります。それは、子どもが自分の成長を喜び、「大人になって社会に出て働くことは楽しそう！」と思えるようにすることです。

もちろん、大人の世界は複雑です。がんばってもがんばっても評価されないこと、報われないことや矛盾に満ちています。どんな職業でもそれは同じ。でも、たった一人の人からでもその仕事を感謝されたら、また、一瞬でも社会に貢献できていると実感できたら、その喜びを糧にして日々がんばれるのです。また、そんな日々の中から大切な家族を築いていく大きな幸せは、大人にしか味わえない宝物。大変なことは多いけれど、人生には喜びも楽しみもたくさんある――。そんな姿を子どもに見せてあげてください。「大人になるのも悪くなさそう！」と思ってもらえたら、子育ては大成功です！

ゴールから逆算

がんばった先にゴールが見えてくる、と言う人もいます。でも、私はそれは間違いだと思っています。「がんばる」というあいまいな言葉の先にゴールはありません。

まず具体的な「ゴール」を決めて、今いる場所からゴールまでの距離を測る。距離や状況が把握できたら、ゴール目指して必死で走る。それが目標にたどり着く唯一の方法です。

ゴールには小さいものから大きなものまでいろいろありますが、大事なことは、すべて常に具体化する、ということです。受験なら、具体的な学校名、学部・学科名、ほかのことでも、具体的な場所の名前、人の名前、会社の名前、数字、日程など、できる限り具体的な目標を設定する。

どんなことでも、親子で話し合って決めると子どももあとに引けませんから、いい発憤材料になりますよ！

18歳になったら
背中しか見えない

子育て真っただ中にいれば、ゆとりを失う瞬間もあると思います。大変な日々がいつまで続くのかと落ち込むこともあるかもしれません。でも、考えてください。そんな時間も、子どもが大学に入る18歳ころまでのことです。それまで、毎日何時間も寄り添って泣いたり笑ったりしていても、その季節がくれば、子どもたちは親のもとから風のように走り出し、お母さんから見えるのは彼らの背中だけになっていきます。

18年なんて、本当にあっという間。私は今でも子育ての季節に戻りたいくらい(笑)。だから、今の悩みも楽しむくらいの気持ちでいてほしいのです。子育て中にしか味わえない、いとおしい悩みを。

たった18年、子どもが巣立っていくまでの時間を、どうか、大切に過ごしてください。

子育ての最終目標は「自活」

ここまで、お母さんの心得として大切なことを、さまざまな場面からお話ししてきました。

よく子育ての最終目標は「自立」と言うかたがいらっしゃいますが、「自立」という言葉も実はとてもあいまいです。「自立」は、その子がいる状況や年齢によって親の概念も変わります。自分で買い物に行く、食事を作る、アルバイトでおこづかいを稼ぐ、家を出て寮に入る……など、人によって「自立」と呼ぶポイントはさまざまです。

やはり、親の最終目標は、子どもが「生活に必要なお金を自分で稼いで生きていく＝社会に出て仕事に就く」というポイントなはずです。それは「自活」ですよね。仕事に就くということは、長い間そこで人生の大切な時間を過ごすことになりますから、本人が意義を感じ、誇りに思える仕事を見つけて幸せに生きていってほしい。よりよい大学を目指すのも、すべてはその目標のためです。選択肢を広げてそんな仕事を得るために、基礎学力や知識が重要なのです。

だから、目の前のひらがな、漢字、計算などの基礎が将来の子どもの幸せに直結していることを忘れないでください。

親のたったひとつの使命、それは子どもの命を預かり、大切に育んで社会に送り出すことです。その使命は、ある程度の覚悟も要します。自分より子どもに時間を使う。自分のやりたいことを我慢しなければならない局面も多く訪れます。でも、それはお父さん、お母さんの人生にとっても、かけがえのない思い出になることは間違いありません。

そして、子どもたちはご両親がしてくれたことを、ずっと忘れません。決して、忘れません。

さあ、この世界で一番尊い役目を、今日からまた存分に楽しんでください！

さいごに

長男が生まれた１９９１年、息子の顔を見ながら、「もう、こんなに世の中の電化が進んでいるし、誰の助けも借りずにラクに子育てできるだろうな」と考えていました。洗濯もお料理も掃除も機械に任せたら、家事の負担もなく子育てできるだろうと思ったのです。

でも、それは大きな間違いだと気づくのに、それほど時間はかかりませんでした。確かに、ご飯は炊飯器が、洗濯物は洗濯機がしてくれるので、昔に比べたら少しは楽でしょう。しかし、子育てというのはそんなに単純なものではなく、続けて生まれた４人の子どもたちの世話で毎日するべきことが山積し、朝から晩まで座る時間もない状態で、疲れきっていました。

一週間に一度、デパートの中にある幼児教室に通うため、生まれたばかりの娘を大きめのベビーカーに乗せ、3歳の三男を抱っこし、ベビーカーの両側を長男・次男にしっかりつかませて、デパートの中を歩いていました。

その様子は傍目にも大変そうに映るらしく、1時間歩くとなぜか必ず4人の女性に声をかけていただきました。

「この子たち、全員お母さんが産んだの？」とか、「大変ね、気をつけてね！」とか、「お母さん、無理しないでね」とか、声をかけてくださるのです。

ある日、いつものようにエレベーターを使い、子ども4人連れて急いで降りたとき、閉まりかけたドアの隙間から手を振って、「お母さん、がんばって！」と言ってくださった女性がいました。

テンテコ舞いの毎日で、誰も味方がいないような気分になり、疲れ切っていた最中だったこともあって、その年配の女性の一言がどれほど私の精神的な支えになったことか、またどれだけ前向きになる力になったか。今思い出しても、本当にありがたく、涙がこぼれそうになります。

そのような皆さんの優しさに、子どもたちが大きくなったら、何かの形で恩返しをさせていただきたいと、ずっと考えておりました。

でも、皆さんがどなたなのかわからず、直接御礼ができませんので、今、子育てをしているお母さんがたにお話をさせていただくことで、間接的ではありますが、感謝の気持ちをお返ししたいと思ったのです。

この本から、子育てで疲れているお母さんがたに、私の「お母さん、がんばって！」の声が届きますように。


最後に、企画の段階からなかなか作業が進まない私を優しく励ましてくださった小学館の下山明子さんに、心から感謝いたします。

佐藤亮子

佐藤亮子 さとう・りょうこ

奈良県在住、主婦。高校まで大分県で過ごし、津田塾大学に進学。
卒業後、大分に戻って私立高校の英語教師として2年間教壇に立つ。
その後、結婚。夫の勤務先である奈良県に移り、専業主婦に。
三男一女の順で出産。長男・次男・三男の三兄弟が名門私立の
灘中・高等学校に進学、それぞれ体育系クラブに所属して
学生生活を満喫しながらも、国内最難関の
東京大学理科Ⅲ類（通称「東大理Ⅲ」）に合格。
さらに、長女も同じく東大理Ⅲに合格、その子育て法に注目が集まり、
「奇跡の受験ママ」「佐藤ママ」として
多くのメディアに取りあげられ、講演活動も続けている。
著書に『「灘→東大理Ⅲ」の3兄弟を育てた母の秀才の育て方』などがある。

カバーデザイン　渡邉民人（TYPEFACE）
本文デザイン　清水真理子（TYPEFACE）
イラスト　熊野友妃子
編集　下山明子

佐藤ママの 強運子育て心得帖
幸せと成功を引き寄せる 53 の言葉

2018 年 4 月 4 日　初版第一刷発行

著　者　佐藤亮子
発行人　清水芳郎
発行所　株式会社　小学館
〒101-8001 東京都千代田区一ッ橋 2-3-1
電話　編集　03（3230）5724
販売　03（5281）3555
印刷所　大日本印刷株式会社
製本所　株式会社　若林製本工場

ISBN978-4-09-388597-3